Strum & Sing

GUITAR · VOCAL

Tom Petty *Wildflowers* & All the Rest

T0081585

ISBN 978-1-7051-3128-2

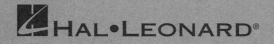

HAL•LEONARD®

Visit Hal Leonard Online at
www.halleonard.com

Contact us:
Hal Leonard
7777 West Bluemound Road
Milwaukee, WI 53213
Email: info@halleonard.com

In Europe, contact:
Hal Leonard Europe Limited
42 Wigmore Street
Marylebone, London, W1U 2RN
Email: info@halleonardeurope.com

In Australia, contact:
Hal Leonard Australia Pty. Ltd.
4 Lentara Court
Cheltenham, Victoria, 3192 Australia
Email: info@halleonard.com.au

Wildflowers

Words and Music by
Tom Petty

(Capo 5th fret)

Fadd9   C   G   C*   Cadd2   F   C/E

Am   D/F#   Am7   Gsus4   C/E*   G/D

Intro

|Fadd9   C |G   C |Fadd9   C |G   C ||

Chorus 1

Fadd9   C |G   C |Fadd9
   You be - long a - mong the wild - flowers.
        C |G   C |Fadd9
You be - long in a boat out at sea.
        C |G   C |Fadd9
Sail a - way, kill off the hours.
        C |G |C*   Cadd2 |C* ||
You be - long some - where you feel free.

Verse 1

Fadd9   C |G   C |Fadd9
   Run a - way, find you a lover.
        C |G |Fadd9
Go a - way some - where all bright and new.
        C |G   C |Fadd9
I have seen no other
        C |G   C ||
Who com - pares ___ with you.

Chorus 2

Fadd9   C |G   C |Fadd9
You be - long a - mong the wild - flowers.

        C |G |Fadd9
You be - long in a boat out at sea.

        C |G   C |Fadd9
You be - long with your love on your arm.

        C |G |C*   Cadd2 |C*   ‖
You be - long somewhere you feel free.

Interlude

‖: F   C/E Am D/F♯ G |Fadd9   Am7 |
|Gsus4   G   :‖   ‖

Verse 2

Fadd9   C/E* |G   C |Fadd9
Run a - way,   go find a lover.

       C/E* |G/D   C |Fadd9
Run a - way, let your heart be your guide.

       C/E* |G/D   C |Fadd9
You de - serve the deepest of cover.

       C/E* |G/D   C ‖
You be - long in that home by and by.

Chorus 3

Fadd9   C |G   C |Fadd9
You be - long a - mong the wild - flowers.

      C |G |Fadd9
You be - long some - where close to me,

     C |G   C |Fadd9
Far a - way from your trouble and worry.

      C |G   C |Fadd9
You be - long somewhere you feel free.

      C |G |C*   Cadd2 |C*   ‖
You be - long somewhere you feel free.

Outro

|F   C/E Am D/F♯ |G |Fadd9   Am7 |Gsus4   G |
|F   C/E Am D/F♯ |G |Fadd9   Am7 |G   ‖

You Don't Know How It Feels

Words and Music by
Tom Petty

E5　　A5　　E　　B5　　A　　D　　Asus2　　E/A　　A/C#

Intro

‖: E5　　A5　　|E5　　A5　　:‖

Verse 1

E5　　　　　　A5
Let me run with you tonight

|E5　　　　　A5　　　　　|E5　A5　|E5　A5　|
I'll take you on a moonlight ride.

E5　　　　　　A5
There's someone I used to see,

|E5　　　　　　A5　　　　|E5　A5　|E5　A5
But she don't give a damn for me.

Pre-Chorus 1

‖E　　　B5
Well, let me get to the point,

|E　　　A
Let's roll another joint

|E　B5
An' turn the radio loud

|E　　　　A
I'm too a - lone to be proud.

Chorus 1

‖E　　　D　　　A　|
An' you don't know how it feels,

E　　　　D　　|A　Asus2
You don't know how it feels

|E/A　　　‖
To be me.

Copyright © 1994 Gone Gator Music
All Rights Reserved　Used by Permission

4

Interlude 1	|E D A |E D A ||

Verse 2

  E5   A5 |
People come, people go
  E5   A5 |E5   A5 |E5   A5 |
Some grow young, some grow cold.
  E5   A5
I woke up in between
 |E5   A5 |E5   A5 |E5   A5
A memory and a dream.

Pre-Chorus 2

               ||E   B5
So, let's get to the point,
 |E   A
Let's roll another joint
   |E   B5
An' let's head on down the road,
      |E   A
There some - where I gotta go.

Chorus 2	*Repeat Chorus 1*
Interlude 2	*Repeat Interlude 1*
Instrumental	|:E A/C♯ |E A/C♯ A :|
Guitar Solo	|E D A |E D A |Asus2 | ||

Verse 3

  E5   A5 |
My old man was born to rock,
  E5   A5 |E5   A5 |E5   A5 |
He's still tryin' to beat the clock.
  E5   A5
Think of me what you will,
 |E5   A5 |E5   A5 |E5   A5
I've got a little space to fill.

Pre-Chorus 3	*Repeat Pre-Chorus 2*

Chorus 3

    ‖**E**   **D**   **A** |
An' you don't know how it feels,

E   **D**   **A**
You don't know how it feels

   |**E**   **D** |**A**   **Asus2**
No, you don't know how it feels

      |**E/A**   ‖
To be me.

Chorus 4

E   **D**   **A** |
You don't know how it feels,

E   **D**   **A**
You don't know how it feels

   |**E**   **D** |**A** **Asus2**
No, you don't know how it feels

      |**E/A**   ‖
To be me.

Interlude 3   ‖:**E** **D** **A** |**E** **D** **A**   :‖**Asus2** | ‖

Outro   ‖:**E5**   **A5** |**E5**   **A5**   :‖ *Play 5 times*
         |**E5**   ‖

You Wreck Me

Words and Music by
Tom Petty and Mike Campbell

(Capo 1st fret)

D   A   E   G   Cadd9   B

Intro   ‖:D A E | |D A E | :‖

Verse 1

D A E | |D A E |
        Tonight we ride,
       |D A E
Right or wrong.
       |D A
Tonight we sail
E | |G D A |
On a radio song.
     |G D A
Rescue me
     | |D A
Should I go down,
  E | |D A
If I stay too long
E | |G |
In trouble town.
  |A |
Oh,
   ‖
Yeah.

Chorus 1

```
        D   A   E   |              |D  A
              You wreck me, baby.
         E       |              |D  A
    Yeah, you break me in two.
          E  |                 |D  A  E  |
    But you move me, honey,
                       ‖
    Yes you do.
```

Verse 2

```
        D   A   E      |       |D  A
                 Now and again
    E |              |D  A
    I   get the feeling,
    E       |           |D  A
    Well, if I don't win,
    E |                     |G   D  A  |
    I'm a  gonna break even.
                     |G   D   A
    Rescue me
             |               |D   A
    Should I go wrong,
         E  |        |D   A
    If I dig too deep,
    E |                |G           |
    If I stay too long.
        |A           |       |
    Oh,
             ‖
    Yeah.
```

Chorus 2   *Repeat Chorus 1*

Interlude 1	Cadd9 G Cadd9 | G	| Cadd9 G Cadd9 | G	|
	|E B E | B	| E B E | B	||

Guitar Solo   ‖:D A E \| \|D A E \| :‖

Interlude 2   ‖:D A E \| \|D A E \| :‖

Verse 3

```
    D  A  E   |          |D  A
          I'll be the boy
    E    |              |D  A  E
    In the corduroy pants,
         |           |D  A
    You be the girl
      E  |              |G  D  A  |
    At the high school dance.
              |G  D  A
    Run with me
         |      |D  A  E  |
    Wherever I go,
              |D  A  E  |
    Just play dumb,
         |          |G          |
    Whatever you know.
      |A              |
    Oh,
         ‖
    Yeah.
```

Chorus 3   *Repeat Chorus 1*

Chorus 4   *Repeat Chorus 1*

Outro   ‖:D A D \| A E   \| D A D \| A E :‖

Time to Move On

Words and Music by
Tom Petty

G   D   Bm   Aadd9

Intro

G	D	G
D	G	D
Bm	Aadd9	G
D	G	D
G	Bm	Aadd9
G				

Chorus 1

G |D |G
    It's time to move on.
        |D |G
Time to get goin'.
        |D
What lies a - head,
     |Bm |Aadd9 |G
I have no way of knowin'.
            |D |G
But, under my feet, baby,
     |D |
Grass is growin'.
     |G |Bm |Aadd9
It's ___ time to move on,
        |G | | | ||
Time to get goin'.

Verse 1

```
G          |D      |G
   Broken skyline
                 |D      |G
Movin' through the airport.
               |D        |Bm
She's an honest de - fector,
                |Aadd9  |
Conscientious ob - jector,
                |G      |       |        |
Now her own pro - tector.
```

Verse 2

```
      ‖G          |D      |G
Yeah, ___ broken skyline,
             |D      |G
Which way to love land?
                   |D        |Bm
Which way to some - thing better?
            |Aadd9   |
Which way to for - giveness?
          |G      |      |       |
Which way do I go?
```

Chorus 2

```
      ‖G                |D       |G
Yeah, ___ it's time to move on,
         |D      |G
Time to get goin'.
          |D
What lies a - head,
    |Bm      |Aadd9  |G
I have no way of knowin'.
          |D      |G
But, under my feet, baby,
       |D       |
Grass is growin'.
G             |Bm      |Aadd9
It's time to move on,
          |G      |     |      |     ‖:D   |     :‖
Time to get goin'.
```

Verse 3

```
        G            |D        |G
         Sometime later,
              |D                |G
Getting the words wrong,
              |D         |Bm
Wastin' the meanin'
                    |Aadd9    |G
And losin' the rhyme.
                |D
Nauseous adrenaline,
       |G               |D
Like    breakin' up a dog fight,
           |G             |D          |Bm
Like a     deer in the headlights,
            |Aadd9    |
Frozen in real time.
                |G        |        |        |
I'm losing my mind.
```

Chorus 3

```
         ‖G                    |D          |G
Yeah, ___ it's time to move on,
              |D        |G
Time to get goin'.
                |D
What lies a - head,
        |Bm       |Aadd9   |G
I have no way of knowin'.
                  |D        |G
But, under my feet, baby,
             |D
Grass is growin'.
           |G                |Bm
Yeah, ___ it's time to move on,
          |Aadd9    |G       |        |        |        ‖
It's      time to get goin'.
```

12

Guitar Solo   *Repeat Intro*

Chorus 4

‖**G** |**D** |**G**
Yeah, ____ it's time to move on,

           |**D** |**G**
Time to get goin'.

           |**D**
What lies a - head,

     |**Bm** |**Aadd9** |**G**
I have no way of knowin'.

                |**D** |**G**
But, under my feet, baby,

     |**D**
Grass is growin'.

        |**G** |**Bm**
Yeah, ____ it's time to move on,

     |**Aadd9** |**G** | | |
It's   time to get goin'.

           | |**Bm**
Yeah, ____ it's time to move on,

     |**Aadd9** |**G** | | | |
It's   time to get goin'.

|**D** | | | ‖

It's Good to Be King

Words and Music by
Tom Petty

Em   Am   Dsus2   A   D   G   C   Asus4

Intro

‖: Em |Am |Dsus2 |Em   :‖

Verse 1

       ‖Em |Am
It's good to be king if just for a while.
         |Dsus2 |Em
To be there in vel - vet, yeah, to give 'em a smile.
        | |Am
It's good to get high, and never come down.
       |Dsus2 |Em
It's good to be king of your own little town.

Chorus 1

        ‖A |
Yeah, the world would swing
       |D |G |C   G |D
Oh, if I ___ were king.
         |C   G   Em
Can I help it if I
     |A   Asus4 |A
Sill dream time to time.

Verse 2

       ‖**Em** |**Am**
It's good to be king and have your own way.

               |**Dsus2** |**Em**
Get a feeling of peace at the end of the day.

                  | |**Am**
An' when your bulldog barks, your canary sings

             |**Dsus2** |**Em**
You're out there with winners, it's good to be king.

Chorus 2

       ‖**A** |
Yeah, I'll be king
      |**D** |**G** |**C** **G** |**D**
When dogs get wings.
        | |**C** **G** **Em**
Can I help it if I
    |**A**   **Asus4** |**A**
Still dream time to time.

Guitar Solo

Repeat Verse 1 (Instrumental)

Verse 3

       ‖**Em** |**Am**
It's good to be king and have your own world.

            |**Dsus2** |**Em**
It helps to make friends; it's good to meet girls.

            | |**Am**
A sweet little queen, who can't run a-way.

           |**Dsus2** |**Em** |**C** **G** ‖
It's good to be king, whatever it pays.

Chorus 3

D |**C** **G** |**D**
     Excuse me if I
                    |**C** **G** **Em**
Have someplace in my mind
       |**A**   **Asus4** |**A** **Asus4** |**A** **Asus4** |**A**   ‖
Where I go time to time.

Outro

‖:**Em** |**Am** |**Dsus2** |**Em**   :‖ *Repeat and fade*

Only a Broken Heart

Words and Music by
Tom Petty

Am7   Dm   G   C   E   Am   Am/G   D9/F#   Bb   Am*

Intro

‖: Am7 |Dm |G |C   :‖

Verse 1

Am7 |Dm |
Here comes that feeling

G |C |
I've seen in your eyes,

Am7 |Dm |
Back in the old days

G |C
Before the hard times.

Chorus 1

‖E |Am   Am/G |D9/F# | |
But I'm not afraid   any - more.

|C |G |C | ‖
It's only a bro - ken heart.

Verse 2

Am7 |Dm |
I know the place where

G |C |
You keep your secrets,

Am7 |Dm |
Out of the sunshine,

G |C
Down in a valley.

Chorus 2

Repeat Chorus 1

Bridge 1

B♭ |**Am***
What would I give
 |**B♭** |**Am***
To start all over again,
 |**B♭** |**Am*** |**G** | ||
To clean up my mistakes?

Verse 3

Am7 |**Dm** |
Stand in the moonlight,
G |**C** |
Stand under heaven.
Am7 |**Dm** |
Wait for an answer,
G |**C**
Hold out for - ever.

Chorus 3

    ‖**E** |**Am** **Am/G** |**D9/F♯** |
But don't be afraid   any - more.
  |**C** |**G** |**C** | ‖
It's only a bro - ken heart.

Bridge 2   *Repeat Bridge 1*

Verse 4

Am7 |**Dm** |
I know your weakness,
G |**C**
You've seen my dark side.
 |**Am7** |**Dm**
The end of the rainbow
 |**G** |**C**
Is always a long ride.

Chorus 4

    ‖**E** |**Am** **Am/G** |**D9/F♯** |
But don't be afraid   any - more.
  |**C** |**G** |**C** |**G**
It's only a bro - ken heart.
  |**C** |**G** |**C** | ‖
It's only a bro - ken heart.

Outro   ‖:**Am7** |**Dm** |**G** |**C**   :‖ *Repeat and fade*

Honey Bee

Words and Music by
Tom Petty

A5   Csus2   D   Fsus2   G

Intro ‖: A5 | | | :‖

Verse 1

A5 | |
Come on now, give me some sugar.

| |
Give me some sugar, little honey bee.

| |
Don't be afraid, not gonna hurt you.

| ‖
I wouldn't hurt my little honey bee.

Interlude 1 ‖: A5 | | | :‖

Verse 2

A5 | |
Don't say a word, 'bout what we're doin'.

| |
Don't say nothin' little honey bee.

| |
Don't tell your mom, don't tell your sister.

| ‖
Don't tell your boyfriend, little honey bee.

Bridge 1

```
                A5                    |Csus2
                She like to call me king bee.
                                           |D
                She like to buzz 'round my tree.
                            |Fsus2     |A5
                I call her honey bee.
                                  |Csus2
                I'm a man in a trance.
                                     |D
                I'm a boy in short pants
                                  |Fsus2
                When I see my honey bee.
                      |G              |           ||
                Well, I've got something to say, yeah.
```

Interlude 2   `‖:A5      |          |          |          :‖`

Guitar Solo   `‖:A5      |          |          |          :‖`

Verse 3

```
                A5           |                    |
                Look here now, peace in the valley.

                                   |              |
                Peace in the valley with my honey bee.

                              |                   |
                Don't say a word 'bout what we're doin.'
                              |              ||
                Don't say nothin' little honey bee.
```

Bridge 2

```
                A5                    |Csus2
                   She gave me her monkey hand
                                  |D
                And a Rambler sedan.
                                     |Fsus2      |A5
                I'm the king of Milwaukee.
                                     |Csus2
                Her juju beads are so nice.
                                        |D
                She kissed my third cousin twice.
                                  |Fsus2
                I'm the king of Pomona.
                      |G              |           ||
                Well, I've got something to say, yeah.
```

Outro   `‖:A5      |          |          |          :‖` *Play 4 times*

Don't Fade on Me

Words and Music by
Tom Petty and Mike Campbell

Drop D tuning:
(low to high) D-A-D-G-B-E

D5   Am7/D   F6sus2   G5   B♭6

Intro

|D5 | | |

Verse 1

    ‖Am7/D F6sus2 G5 |D5
I re - member you   so   clearly,
    |Am7/D F6sus2 G5 |D5
The first one through the door.
    |Am7/D F6sus2 G5 |D5 |
And I re - turn to   find   you drifting
Am7/D F6sus2 G5 |D5 |
Too far from   the shore.

Verse 2

    ‖Am7/D F6sus2 G5 |D5
I re - member feel - ing this way,
    |Am7/D F6sus2 G5 |D5
You can lose it   without ___ knowing.
    |Am7/D F6sus2 G5 |D5
You wake up and   you   don't notice
    |Am7/D F6sus2 G5 |D5 | ‖
Which way the   wind is   blowing.

Chorus 1

B♭6 F6sus2 G5 |
                Don't
B♭6 F6sus2 G5 |B♭6 F6sus2 |G5 |
              fade,
    |D5 | | |
No, don't fade on me.

Verse 3

‖**Am7/D F6sus2 G5 |D5**
You were the one who made   things diff'rent,

|**Am7/D F6sus2 G5 |D5**
You were the one who took   me in,

|**Am7/D F6sus2 G5 |D5**
You were the one thing I   could count on.

|**Am7/D F6sus2 G5 |D5 | ‖**
Above all you   were   my friend.

Chorus 2   *Repeat Chorus 1*

Guitar Solo   *Repeat Verse 1 (Instrumental)*

Verse 4

‖**Am7/D   F6sus2 G5 |D5**
Well, your clothes hang on _____ a wire

|**Am7/D F6sus2 G5 |D5**
And the sun is   o - ver - head,

|**Am7/D F6sus2 G5 |D5**
But to - day you   are   too weary

|**Am7/D F6sus2 G5 |D5 |**
To even   leave   your bed.

Verse 5

‖**Am7/D F6sus2 G5 |D5**
Was it love that took   you   under,

|**Am7/D F6sus2 G5 |D5**
Or did you   know   too much?

|**Am7/D   F6sus2 G5 |D5**
Was it something you   could picture,

|**Am7/D F6sus2 G5 |D5 | ‖**
But never   could   quite touch?

Chorus 3

B♭6   F6sus2   G5 |
                              Don't

B♭6   F6sus2   G5 |B♭6   F6sus2 |G5 |
                    fade,

                    |**D5 | |**
No, don't fade on me.

B♭6   F6sus2   G5 |
                        So, don't

B♭6   F6sus2   G5 |B♭6   F6sus2 |G5
                    fade,

                    |**D5 | | | ‖**
Hey, don't fade on me.

Hard on Me

Words and Music by
Tom Petty

Gm   C   Dm   C*   E♭   B♭   Am   F   G   G/B

Intro

|Gm   C |Dm |Gm   C |Dm

Verse 1

‖**Gm**   **C**
It's all I can do
|**Dm** |
To keep that little girl smiling,
Gm   **C** |**Dm** |
And keep my faith alive.
Gm   **C** |**Dm**
Takes all I got to hold on till tomorrow

Chorus 1

‖**C*** |**E♭**   **B♭** |
And you wanna make it hard,
C* |**E♭**   **B♭**   ‖
You wanna make it hard on ___ me.

Verse 2

Gm   **C** |
Some other time
Dm |
I'd be understanding.
Gm   **C** |**Dm**
You were supposed to be
|**Gm** |**C** |**Dm**
The friend that I needed when I was down.

Chorus 2

‖**C*** |**E♭ B♭**
And now you wanna make it hard,

   |**C*** |**E♭ B♭** ‖
Yeah, you wanna make it hard on me.

Bridge

Am |**Dm**
Maybe if I tried

   |**Am** |**F** |
I could turn the other cheek.

Am |**Dm   G** |**C   G/B** |**C**   ‖
Maybe, but how big do I have to be?

Verse 3   *Repeat Verse 1 (Instrumental)*

Chorus 3

  ‖**C*** |**E♭ B♭**
And you wanna make it hard,

   |**C*** |**E♭   B♭**   ‖
Yeah, you wanna make it hard on ___ me.

Bridge 2   *Repeat Bridge 1*

Verse 4

Gm |**C**
I need someone

 |**Dm** |
To put their arm around me,

Gm   **C** |**Dm** |
Shelter me from all harm.

Gm   **C** |**Dm**   ‖
Just as I found something to believe in,

Chorus 4

C* |**E♭   B♭** |
You wanna make it hard,

C* |**E♭   B♭**
You wanna make it hard on ___ me.

   |**C*** |**E♭   B♭** |
Yeah, you wanna make it hard,

C* |**E♭   B♭**   ‖
You wanna make it hard on ___ me.

Outro |**Gm   C** |**Dm** |**Gm   C** |**Dm**   ‖

Cabin Down Below

Words and Music by
Tom Petty

E5	E5/G	B	A

Intro

‖: E5 E5/G E5 | | E5/G E5 | :‖
|B | |E5 E5/G E5 | ‖

Verse 1

E5   E5/G   E5 | |
Come on, go with me, babe.

          E5/G   E5 |
Come on, go with me, girl.

          |B | |E5   E5/G E5 | ‖
Baby, let's go to the cabin down below.

Verse 2

E5   E5/G E5 | |
I got a radio,

          E5/G   E5 |
Put it on soft and low.

          |B | |E5   E5/G E5 |
Baby, let's go to the cabin down below.

Bridge 1

‖**A** |
Well, I've had my eye on you

| | |
For a long, long time.

|
I'm watching ev'rything you do.

|**B** | ‖
Baby, you're gonna be mine.

Verse 3   *Repeat Verse 1*

Guitar Solo   *Repeat Verse 1 & 2 (Instrumental)*

Bridge 2

‖**A** |
Well, time's been a movin' slow

| | |
Since we both got here.

|
Come on, slide a little closer

|**B** |
Let me whisper in your ear.

Verse 4

‖**E5   E5/G   E5** | |
Well, I got a radio,

E5/G   E5 |
Turn it on soft and low.

|**B** | |**E5   E5/G   E5** |
Baby, let's go to the cabin down below.

|**B** | |**E5   E5/G   E5** |
Yeah, baby, let's go to the cabin down below.

|**B** | |**E5   E5/G   E5** | ‖
Ah, baby, let's love in the cabin down below.

To Find a Friend

Words and Music by
Tom Petty

(Capo 5th fret)

Intro

|C | Csus2 |C | Csus2 |
|C | Csus2 |C | Csus2

Verse 1

‖G   C |
In the middle of his life

|G   C | |
He left his wife

 |Em |Am |
And ran off to be bad.

Em |Am |D | Dsus2 |D |
Boy, it was sad. _____

Verse 2

‖G   C | |
But he bought a new car,

G   C | |
Found a new bar

           |Em |Am
And went under another name,

 |Em |Am |D | Dsus2 |D |
Cre - ated a whole new game. _____

Chorus 1

‖ **F   C/E** | **G**
And the days went by like
C   C/B |Am7 |
Paper in the wind.
F   C/E |G |
Ev'ry - thing changed,
C   C/B |Am7
Then changed again.
|**Fadd9 |**
It's hard to find a friend,
| | |**C |C/B |Am7 |G |Fadd9 | ‖**
It's hard to find a friend.

Verse 3

G   C |
Meanwhile then
|**G   C | |**
His wife's boy - friend
|**Em |Am**
Moved in and took over the house.
|**Em |Am |D | Dsus2 |D |**
Ev' - rybody was quiet as a mouse. _____

Verse 4

‖**G   C | |**
And it changed their lives,
G   C | | |
Changed their plans.
Em |Am |
Slowly, they grew a - part,
Em |Am |D | Dsus2 |D |
Boy, it woulda broke your heart. _____

Chorus 2

Repeat Chorus 1

Piano Solo

Repeat Verse 1 (Instrumental)

Chorus 3

```
       ‖F    C/E │G
And the days went by like
C     C/B    │Am7      │
Paper in the wind.
F      C/E    │G        │
Ev'ry - thing changed,
C     C/B       │Am7
Then changed again.
   │Fadd9        │
It's hard to find a friend,
     │           │        │C      │C/B  │Am7  │
It's hard to find a friend.
```

Chorus 4

```
       ‖F    C/E │G
And the days went by like
C     C/B    │Am7      │
Paper in the wind.
F      C/E    │G        │
Ev'ry - thing changed,
C     C/B       │Am7
Then changed again.
    │Fadd9        │
It's hard to find a friend,
     │           │        │C      │C/B  │Am7  │G     │Fadd9  │Em    │C     ‖
It's hard to find a friend.
```

A Higher Place

Words and Music by
Tom Petty

E   Asus2   Dsus2   D   A   F#m   Bsus2   D/A

Intro

‖: E   Asus2 Dsus2 | Asus2 | E   Asus2 Dsus2 | D   :‖

Verse 1

　E　　　Asus2 Dsus2 |　Asus2
We gotta get to a high　-　er place
　　　　|E　Asus2 Dsus2 | D
And we gotta leave by night.
　　　|E　　　Asus2 Dsus2 |　Asus2
Be - fore that river　takes　us down
　　　　　|E　　　Asus2　　　Dsus2　　|
We gotta find some - where that's dry.
E　　Asus2　　　Dsus2 |　Asus2
We gotta run like we've nev　-　er run
　　　|E　　Asus2 Dsus2 | D
Or we're gonna lose the light.
　|E　　Asus2 Dsus2 |　Asus2
If we don't get to a high　-　er place
　　|D　　　A　　|D　　　A
And find some - body, can help some - body,
　　|D　　A　　|F#m　|Bsus2　|F#m　|Bsus2　|
Might be no - body no more. _____

Verse 2

  ‖**E** **Asus2** **Dsus2** | **Asus2**
Well, I fool my - self an' I don't know why.

 |**E**   **Asus2** **Dsus2** |**D**
I thought we could ride this out.

  |**E** **Asus2** **Dsus2** | **Asus2**
I was up all night making up my mind,

  |**E** **Asus2** **Dsus2** |**D**
But now I've got my doubts.

 |**E** **Asus2** **Dsus2** | **Asus2**
I've got my eye on the wat - er - line

   |**E** **Asus2** **Dsus2** |**D**
Tryin' to keep my sense of humor.

  |**E** **Asus2** **Dsus2** | **Asus2**
But if we don't get to a high - er place

 |**D** **A** |**D** **A**
And find some - body, can help some - body,

  |**D** **A** |**F♯m** |**Bsus2** |**F♯m** |**Bsus2** | ‖
Might be no - body no more. _____

Bridge

 A   **D/A** | **A**
We gotta get to a high - er place

   | | **D/A** **A** |
And I hope we all arrive to - geth - er.

   D/A | **A**
We gotta get to a high - er place

  | **D/A** | |**A** **D/A** | ‖
If we wanna sur - vive the weather.

Guitar Solo

|E   Asus2   Dsus2| Asus2 |E   Asus2   Dsus2 |D |

|E   Asus2   Dsus2| Asus2 |E   Asus2   Dsus2 |D

Verse 3

    ‖E   Asus2   Dsus2 | Asus2

I re - member walkin' with her   in town,

   |E   Asus2   Dsus2 |D |

Her hair was in the wind.

E   Asus2 Dsus2| Asus2

I gave her   my   best kiss,

 |E   Asus2   Dsus2 |D

She gave it back again.

     |E Asus2   Dsus2 |Asus2

Well, when I add up what I've left be - hind,

 |E   Asus2   Dsus2 |D

I don't wanna lose no more.

   |E   Asus2 Dsus2 | Asus2

But if we don't get to a high - er place

  |D   A |D   A

And find some - body, can help some - body,

  |D   A |F♯m |Bsus2 |F♯m |Bsus2 | ‖

Might be no - body no more. _____

Outro-Guitar Solo

Repeat Verse 1

House in the Woods

Words and Music by
Tom Petty

F   C   Eb   Bb   Dm   Am

G   C/G   Em   A   D   Cadd9

Intro

```
‖: F   C   | Eb   Bb   | Dm   Am   |
   C   G   | C/G  G    |        :‖
```

Verse 1

```
   F          C        | Eb          Bb   |
I'm goin' down to the house in the woods,
Dm  Am    | C  G  | C/G  G  |      |
See   my little darlin'.
   F            C   |
I'm goin' down,
   Eb          Bb
Out in the fields
      | Dm      Am | C    G  | C/G  G  |
With summer time    comin'.
```

Chorus 1

```
      ‖ C      G    |
And oh, my love,
   C         G      |
What can I do?
   C         G    | Em  A
What can I do but love you
        | C       G
For the rest of my days,
        | C       G    |
The rest of my nights,
   C         G
What can I do
        | Em  A  | D       |        ‖
But love you, babe.
```

Verse 2

```
         F         C        |Eb        Bb     |
Summertime falls on the house in the woods
Dm  Am  |C      G    |C/G    G      |
Back by the power lines.
     |F           C     |
I ain't got a neighbor
       Eb         Bb     |
For nine or ten miles
Dm  Am  |C   G      |C/G   G   |
Back in the tall pines.
```

Chorus 2

```
       ‖C         G      |
And  hey, now baby,
C          G      |
What can I do?
C                  G      |Em  A
What am I gonna do but trust you
     |C         G      |C         G      |
The rest of my nights, the rest of my days?
C          G      |Em  A ‖
What can I do but love you, babe?
```

Interlude 1

```
‖:D   Cadd9  |              :‖ Play 4 times
|D           |              ‖
```

Guitar Solo

Repeat Verse 1 (Instrumental)

Chorus 3

```
C        G    |C        G    |
Hey, now baby, what can I do?
C              G    |Em  A
What am I gonna do but love you
     |C        G      |C        G      |
The rest of my days, the rest of my nights?
C          G      |Em  A ‖
What could I do but love you, babe?
```

Interlude 2

```
‖:D   Cadd9  |              :‖ Play 4 times
```

Outro

```
‖:F   C   |Eb   Bb  |Dm  Am  |
|C   G    |C/G   G    |       :‖ Repeat and fade
```

Crawling Back to You

Words and Music by
Tom Petty

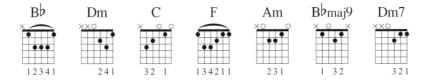

Intro   ‖: **B♭** |**Dm** |**C** |**B♭**   :‖ *Play 6 times*

Verse 1

　　　　B♭　　　　　　**|Dm**　　　　　**|C**
　　　Waitin' by the side of the road
　　　　　　　　　　　|B♭　　　　|
　　For day to break so we could go
　　　　　　　　　|Dm
　　Down into Los Angeles
　　　　　|C　　　　　**|B♭**　　　　　　‖
　　With dirty hands and worn out knees.

Chorus 1

　　　B♭　**|Dm**　　**|C**
　　　Oo, ___ I keep
　　　　　　　　|B♭　　　|
　　Crawling back to you.
　　　　|Dm　　　**|C**
　　Oo, ___ I keep
　　　　　　　|B♭　　‖
　　Crawling back to you.

Verse 2

　　　B♭　　　　　　　　**|Dm**　　　　　**|C**
　　　The ranger came with burning eyes
　　　　　　　　　　　　　|B♭　　　　|
　　The chambermaid a - woke surprised.
　　　　　　　　　　　|Dm
　　Thought she'd seen the last of him,
　　　|C　　　　　　　**|B♭**　　　　　　‖
　　She shook her head and　let him in.

Chorus 2

B♭ | **Dm** | **C**
    Oo, ___ I keep

|**B♭** |
Crawling back to you.

|**Dm** | **C**
Oo, ___ I keep

|**B♭**
Crawling back to you.

Bridge

‖**B♭** **F**
Hey, ba - by,

|**B♭** **F**
There's something in your eyes

|**B♭** **F**
Try'n to say to me

|**B♭** |**F**
That I'm gonna be al - right

|**Dm** **Am** |**C**
If I ___ be - lieve in you.

|**Dm Am** |**C** | ‖
It's all I wanna do.

Guitar Solo

‖:**B♭** |**Dm** |**C** |**B♭** :‖
|**B♭** |**Dm** |**C** |**B♭maj9** |
| |**Dm7** |**C** |**B♭maj9** ‖

Verse 3

B♭maj9 |**Dm7** |**C**
    It was me and my sidekick,

|**B♭maj9** |
He was drunk and I was sick.

|**Dm7**
We were caught up in a barroom fight

|**C** |**B♭maj9** ‖
'Till an Indian shot out the lights.

Verse 4

```
B♭maj9          |Dm7          |C
     I'm so tired of    being tired,
                    |B♭maj9        |
Sure as night will    follow day.
               |Dm7          |C
Most things I ___ worry 'bout
                    |B♭          ||
Never happen      anyway.
```

Chorus 3

```
B♭     |Dm      |C
   Oo, ___ I keep
                    |B♭        |
Crawling back to you.
    |Dm       |C
Oo, ___ I keep
                    |B♭    C  ||
Crawling back to you.
```

Interlude

```
||:B♭        |Dm       |C         |B♭        :||  Play 4 times
```

Chorus 4

```
B♭     |Dm      |C
   Oo, ___ I keep
                    |B♭        |
Crawling back to you.
    |Dm       |C
Oo, ___ I keep
                    |B♭        |
Crawling back to you.
    |Dm      |C
Oo, ___ I keep
                    |B♭        |        |Dm    |C      |B♭       ||
Crawling back to you.
```

Something Could Happen

Words and Music by
Tom Petty

(Capo 3rd fret)

Em   B7   Am   C   G   Fadd9

F C^6_9 Dsus2   E7sus4   Bm7

Intro

| **Em** | | | | ‖

Verse 1

   Em   **B7** |**Em**
     I'm not easy to know,

    Am |**Em**
My mind can change,

    B7 |**Em**   **B7** |**Em**
My moods come and go.

     B7 |**Em**
I'm not easy to please,

      Am |**Em**
Some - times the woods

   B7 |**Em**   ‖
Get lost in the trees.

Pre-Chorus 1

  C   **G** |**Fadd9 Am** |**C**
   Seems like a long   time:

      G |**Fadd9** |**F**
Nothin' much rang true.

Chorus 1

```
        ‖G   C  |Em              C
```
But, I feel like something could happen.

```
 |G   C  |Em           C           |C6/9
```
I feel like something could happen with you,

```
        |Dsus2          ‖
```
Mm, hm.

Verse 2

```
Em        B7   |Em
```
   I drive into town,

```
 Am         |Em
```
I walk the mall,

```
  B7              |Em         B7         |Em
```
Go home and fall down.

```
  B7              |Em
```
I've lost a few good friends.

```
  Am    |Em    B7         |Em           ‖
```
It's easy come, ea - sy come again.

Pre-Chorus 2

```
C        G     |Fadd9      Am      |C
```
  Some - times   I'm sur - prised

```
      G          |Fadd9              |F
```
By the things that I do.

Chorus 2

Repeat Chorus 1

Interlude

```
|E7sus4       Em |E7sus4        Em |
|C                |                |
|E7sus4       Em |E7sus4        Em |
|C                |Bm7             ‖
```

Verse 3

```
Em            B7          |Em
     I need to find some space
          Am   |Em B7        |Em          B7         |Em
Where I can go get out of myself.
             B7    |Em
I'm sure of who I am,
       Am    |Em  B7          |Em
Un - less I feel like somebody else.
```

Pre-Chorus 3

```
C         G  |Fadd9  Am      |C
    Seems like    a long time
       G     |Fadd9             |F
I was torn in two.
```

Chorus 3

```
        ‖G   C  |Em                 C
But, I feel like something could happen.
 |G   C  |Em              C          |C⁶₉
I feel like something could happen with you,
     |Dsus2                 ‖
Mm, hm.
```

Chorus 4

```
        ‖G   C  |Em                 C
Yeah, I feel like something could happen,
 |G   C  |Em              C          |C⁶₉
I feel like something could happen with you,
     |Dsus2                 ‖
Mm, hm.
```

Outro

```
|Em     B7     |Em     Am      |
|Em     B7     |Em     B7      |
|Em     B7     |Em     Am      |
|Em     B7     |Em             ‖
```

Wake Up Time

Words and Music by
Tom Petty

G/D   D   F#m   A   Asus4   G   Em7   Asus2   Bm   Dsus4

Intro

G/D	D	G/D	D
G/D	D	F#m	A
Asus4	A

Verse 1

‖G/D |D
You follow your feelings,
 |G/D |D
You follow your dreams,
 |G/D |D |
You follow the leader
F#m |A |Asus4 |A |
Into the trees.
 |G/D |D
And what's in there waiting,
 |G/D |D
Neither one of us knows
 |G/D |D
You gotta keep one eye open
 |F#m |A |Asus4 A | | ‖
The further you go.

Pre-Chorus 1

```
G                      |
   You never dreamed
        |Em7        |
You go down on one knee,
        |A        |Asus4  A  |D          |          |G
But now.

                       |
Who could have seen
              |Em7        |          |A        |Asus4
You'd be so hard to please some - how.
       |A        |Asus4  A
You feel like a poor      boy,
       |              Asus2 |A        |
A long way from    home.
              |Asus4  A
You're just a poor      boy,
       |              Asus4 |A  Asus4   A ||
A long way from       home. _____
```

Chorus 1

```
G          |D        |A
              |                |Em7          |Bm
And it's wake up time,
                  |A                |
Time to open up your eyes
       |G          |D
And rise
       |A          |          |          |
And shine.
```

Verse 2

```
       ||G/D            |D
You spend your life dreamin',
        |G/D          |D
Runnin' 'round in a trance.
       |G/D            |D
You hang out for - ever
       |F♯m          |A        |Asus4 |A        |Asus4
And still miss the dance.
       |G/D      |D
And if you get lucky,
       |G/D            |D
You might find someone
       |G/D          |D
To help you get over
       |F♯m          |A        |Asus4 |A        |Asus4
The pain that will come.
```

Pre-Chorus 2

```
       ‖G                          |Em7
Yeah, you were so cool

                 |
Back in high school,
         |A          |Asus4  A  |D        |Dsus4  D    |G
What happened?
                      |             |Em7
You were so sure
             |          |A          |Asus4
Not to have your spirits dampened.
   |A          |Asus4   A
But you're just a poor     boy,
|        Asus2 |A          |
Alone in this     world.
             |Asus4  A
You're just a poor     boy,
|        Asus4 |A  Asus4    A    ‖
Alone in this     world. _____
```

Chorus 2 *Repeat Chorus 1*

Verse 3

```
       ‖G/D     |D
Well, if he gets lucky,
 |G/D        |D
A boy finds a girl
  |G/D        |D
To help him to shoulder
  |F♯m        |A         |         |        |
The pain in this world.
          |G/D        |D
And if you follow your feelin's
          |G/D        |D
And you follow your dreams
   |G/D           |D        |
You might find the forest
F♯m         |A       |Asus4   |A        |        ‖
There in the trees.
```

Pre-Chorus 3

```
G                      |            |Em7
        Yeah, you'll be alright,

                                |
It's just gonna take time,
    |A          |Asus4   A   |D            |             |G
But now.

                                |
Who could have seen
              |Em7         |            |A        |Asus4     |
You'd be so hard to please some - how.
A              |Asus4   A
You're just a poor     boy,
    |              Asus2 |A        |
A long way from     home.
                |Asus4   A
You're just a poor     boy,
    |              Asus4 |A   Asus4   A   ‖
A long way from     home. _____
```

Chorus 3

```
G      |D        |
              |A              |            |Em7
And it's wake up time,
                        |Bm        |A           |
Time to open up your eyes
   |G        |D
And rise
   |A        |            |G
And shine.
                        |D        |A        |            |Em7
'Cause it's wake up time,
                        |Bm        |A           |
Time to open your eyes
   |G        |D
And rise
   |A        |            ‖
And shine.
```

Leave Virginia Alone

Words and Music by
Tom Petty

G C Fadd9 Am D C* Em A

Intro

|G | |C | |
|G | |C |

Verse 1

‖**G** |
Well they chased her

Fadd9 |**C**
Down the alley

|**D** |**Am**
And over the hill

|**D**
To steal her will.

|**G** |
She was hot as

Fadd9 |**C** | |**Am**
Georgia asphalt

|**D** |**Am**
When the "A" crowd came

|**D**
To adore her brain.

Chorus 1

‖**C*** |**G**
So leave Virginia alone,

|**C*** |**G**
Leave Virginia alone.

Em |**Am** |**D**
She's not like you and me,

|**Em** |**D** |
She's not like you and me.

Verse 2

```
                    ‖G              |
You should've seen her
Fadd9      |C            |              |Am
Back in the city;
                   |D            |Am
Poetry and jewels,
                   |D
Broke all the rules.
        |G              |
She was high as
   Fadd9 |C            |              |Am
A Georgia pine tree;
                   |D            |Am
Makeup and pills,
        |D
Overdue bills.
```

Chorus 2

```
        ‖C*           |G
So leave Virginia alone,
 |C*           |G
Leave Virginia alone.
        Em    |Am     |D
She's not like you and me,
                |Em    |A        |        ‖
She's not like you and me.
```

Bridge

```
C*      D      |G        D        |Em   D        |C*          |
   Some sunny day when the hands of time have had their way,
        D      |G        D        |Em   D    |C*        |D          |
You'll understand while it was so hard to run away.
```

Verse 3

```
              ‖G                |
She's a loser,
Fadd9     |C               |              |Am
She's a for - giver,
                         |D              |Am
And she still finds good
                         |D              |
Where no one could.
              |G
You ought to want her
Fadd9     |C               |              |Am
More than money,
                     |D              |Am
Cadillacs and rust,
                     |D
Diamonds and dust.
```

Chorus 3

```
              ‖C*            |G
So leave Virginia alone,
  |C*            |G
Leave Virginia alone.
          Em      |Am      |D
She's not like you and me,
                 |Em      |A          |
She's not like you and me.
```

Chorus 4

```
              ‖C*            |G
Yeah, leave Virginia alone,
  |C*            |G
Leave Virginia alone.
          Em      |Am      |D
She's not like you and me,
                 |Em      |A        |          ‖
She's not like you and me.
```

Outro-Guitar Solo

```
‖:G        |          |C          |          |
|G         |          |C          |          :‖
|G         |          ‖
```

Harry Green

Words and Music by
Tom Petty

(Capo 3rd fret)

G   G/B   G/C   C   D

Intro

‖: G   G/B   G/C   G/B :‖ *Play 4 times*

Verse 1

G   G/B G/C   G/B │G   G/B G/C   G/B
Har - ry   Green was   my   old   friend,

    │G   G/B G/C   G/B │G   G/B   G/C   G/B │
We met in   Span - ish   class._____

G   G/B G/C   G/B │G   G/B G/C
Helped me   out   of   a   spot I was in.

    G/B   │G   G/B   G/C   G/B │G   G/B G/C   G/B │
He stopped a red - neck from kickin' my   ass, ____

G/B   │G   G/B   G/C   G/B │G   G/B G/C   G/B ‖
Stopped a red - neck from kickin' my   ass. _____

Interlude 1

│G   G/B   G/C   G/B │G   G/B   G/C   G/B ‖

Verse 2

G   G/B G/C   G/B │G   G/B G/C   G/B │
Har - ry   Green was   strong and   tall,

G   G/B   G/C   G/B │G   G/B G/C   G/B │
Played on the foot - ball   team. __

    │G   G/B G/C   G/B   │G   G/B   G/C   G/B
Them good ol'_   boys   said, "You better watch out,

 │G   G/B G/C   G/B   │G   G/B G/C   G/B │
He's not what he   would seem, _____

 │G   G/B G/C   G/B   │G   G/B G/C   G/B ‖
He's not what he   would seem. _____

Chorus 1

C   │G   │D   │G   │
Harry Green was al - right by me.

C   │G   │D   │G   G/B G/C   G/B ‖
Harry Green was al - right with me. _____

Harmonica Solo 1 |G G/B G/C G/B |G G/B G/C G/B |G G/B G/C

Verse 3

G/B   ‖G   G/B   G/C   G/B |G   G/B G/C
Well them high school halls can   sure get   rough

G/B |G   G/B G/C   G/B |G G/B G/C G/B |
When you ain't like   every - one   else. _____

G   G/B G/C G/B |G   G/B G/C G/B |
Har - ry   Green had to hold so   much

G   G/B G/C G/B |G G/B G/C G/B |
Deep in - side   him - self, _____

G   G/B G/C G/B |G G/B G/C G/B |
Deep in - side   him – self. _____

Interlude 2 |G G/B G/C G/B |G G/B G/C G/B ‖

Verse 4

G   G/B   G/C   G/B |G   G/B G/C G/B |
Har - ry   Green was   middle__   class,

G   G/B   G/C G/B |G   G/B G/C
Six - teen, he got a new   car. ____

G/B G/C   G/B G/C G/B |G   G/B G/C G/B|
I re - member him in   the   talent ___   show

G   G/B   G/C G/B |G G/B G/C G/B |
Bangin' on his   old   gui - tar, _____

G   G/B   G/C G/B |G G/B G/C G/B ‖
Bangin' on his   old   gui - tar, _____

Chorus 2

C |G |D |G |
Harry Green was al - right with me.

C |G |D |G G/B G/C G/B ‖
Harry Green was al - right by me. _____

Harmonica Solo 2 |G G/B G/C G/B |G G/B G/C G/B |G G/B G/C

Verse 5

G/B ‖G   G/B G/C
It was second - hand news

G/B |G   G/B G/C G/B |
In the middle of the day,

G   G/B G/C   G/B |G G/B G/C G/B |
Sounded like rumor or   lie. _____

G   G/B G/C   G/B |G G/B G/C G/B |
Ponti - ac   wrapped a - round an old oak tree,

  |G   G/B G/C G/B |G   G/B G/C G/B |
Ve - hicu - lar su - i - cide. _____

G   G/B G/C G/B |G G/B G/C G/B |
Har - ry   Green had died. _____

|G G/B G/C G/B |G G/B G/C G/B

Verse 6

      ‖G   G/B G/C G/B |G G/B G/C G/B
Some - times I   wish I was still a   boy

  |G G/B G/C G/B |G G/B G/C G/B
With life a - head of   me. _____

   |G   G/B G/C G/B |G   G/B G/C G/B |
One day I'll go   back and say a few words

G G/B G/C G/B |G G/B G/C G/B |
O - ver Har - ry   Green, _____

G G/B G/C G/B |G G/B G/C G/B
O - ver Har - ry   Green. _____

Chorus 3

C |G |D |G |
Yeah, Harry Green was al - right by me.

C |G |D |G G/B G/C G/B ‖
Harry Green was al - right by me. _____

Outro Harmonica Solo

‖:G   G/B   G/C   G/B   :‖ *Play 4 times*

|G   ‖

Climb That Hill Blues

Words and Music by
Tom Petty and Mike Campbell

D5   E5   A5   Bm   G5   C

Intro

D5 ‖E5		D5	E5		D5
|E5		D5	E5		

Verse 1

D5   **‖E5**   **D5**   **|E5**
Somethin' threw me in the dirt,

D5   **|E5**   **D5**   **|E5**
Kinda got my feelings hurt.

D5   **|E5**   **D5**   **|E5**   **|A5**   **|**
Weed was burnin' somewhere down the wind,

         E5|Bm   **|G5**   **A5**   **|E5**   **|**
Then I had to get up and climb that hill again.

        D5   **|E5**   **|**   **|**

Verse 2

D5   **‖E5**   **D5**   **|E5**
Little Lucy's such a doll,

D5   **|E5**   **D5**   **|E5**
Like to climb her garden wall,

D5   **|E5** **D5** **|E5**   **|A5**   **|**
But she only sees me as a friend.

        E5|Bm   **|G5**   **A5**   **|E5**   **|**
Now, I got to get up and climb that hill again.

Bridge

```
        ‖ A5              | C
Yeah, I gotta bury my pride,
            | Bm           | E5
Drag this line over that hill

One more time.
   | A5                   |
Gotta get up in the mornin',
C              | Bm
Make my way
              | E5            | D5    A5  G5 |
Over that hill a - gain.
| E5            | D5    A5  G5 |
| E5            | D5    A5  G5 |
| E5            | D5    A5  G5 |
| E5            |              |
|              |              |
```

Verse 3

```
D5      ‖ E5        D5        | E5
Tempers flare and-a words are spoken,
   D5       | E5         D5  | E5
You close one door and a - nother opens
   D5      | E5   D5 | E5        | A5              |
You hear the music and you wander in.
   E5  | Bm      | G5    A5    | E5              |
You gotta get up and climb that hill again.
       | Bm      | G5    A5    | E5              |
You gotta get up and climb that hill again.
       | Bm      | G5    A5    | E5              ‖
You gotta get up and climb that hill again.
```

Confusion Wheel

Words and Music by
Tom Petty

(Capo 3rd fret)

Asus2   G$^6_9$ D$^6_9$/F♯   C   Am   D7sus2   Dm9/F   Em   Am7   Fmaj9

Intro

Asus2 ‖ | | | ‖

Verse 1

Asus2 |G$^6_9$ |D$^6_9$/F♯ |Asus2 |
One of these days, my   old friend,

                        |G$^6_9$ |D$^6_9$/F♯ |G$^6_9$ |
You and I won't worry no more.

Asus2 |G$^6_9$ |D$^6_9$/F♯ |Asus2 |
One of these nights it'll all wash a - way

         |C | |Am | |
And we'll wake up singing a brand - new song,

C | |Am | |
We'll wake up singing a whole new song.

|D7sus2 | | | ‖

Verse 2

Asus2 |G$^6_9$ |D$^6_9$/F♯ |Asus2 |
One of these nights, my little love,

            |G$^6_9$ |D$^6_9$/F♯ |G$^6_9$ |
One of our ships will come in.

Asus2 |G$^6_9$ |D$^6_9$/F♯ |Asus2 |
One of these nights we'll fall   a - sleep,

C | |Am | |
Then wake up singing a brand-new song,

C | |Am | |
We'll wake up singing a brand-new song.

|D7sus2 | |Dm9/F | ‖

Chorus 1

```
Em          |C      |Em       |C            |
So much con - fusion has entered my life,
Em          |C      |Em       |C            |
So much con - fusion has torn me a - part.
Em          |C      |Em       |C
So much con - fusion has made me a - fraid
      |Am  |Am7 |Fmaj9        |
And I     don't  know how to love,
      |Am  |Am7 |Fmaj9        |
And I     don't  know who to trust,
      |Am  |Am7 |Fmaj9        |        |        |        ||
And I     don't  know why that is.
```

Guitar Solo

```
|Asus2      |G⁶⁄₉  |D⁶⁄₉/F♯   |Asus2      |
|           |G⁶⁄₉  |D⁶⁄₉/F♯   |G⁶⁄₉       |
|Asus2      |G⁶⁄₉  |D⁶⁄₉/F♯   |Asus2      |
|C          |      |Am        |           |
|C          |      |Am        |           |
|D7sus2     |      |Dm9/F     |           ||
```

Chorus 2

```
Em          |C      |Em       |C            |
So much con - fusion has entered my life,
Em          |C      |Em       |C            |
So much con - fusion goes 'round in my brain,
Em          |C      |Em       |C
So much con - fusion has torn me a - part.
      |Am  |Am7 |Fmaj9        |
And I     don't  know how to love,
      |Am  |Am7 |Fmaj9        |
And I     don't  know who to trust,
      |Am  |Am7 |Fmaj9        |        |        |        ||
And I     don't  know why that is.
```

Verse 3

```
Asus2       |G⁶⁄₉  |D⁶⁄₉/F♯ |Asus2  |
One of these days,    my   old friend,
            |G⁶⁄₉              |D⁶⁄₉/F♯ |G⁶⁄₉      |
You and I will walk through that door.
Asus2       |G⁶⁄₉      |D⁶⁄₉/F♯    |Asus2      |
One of these days we'll drive     a - way,
C           |      |Am        |           |
Drive away singing a brand - new song,
C           |      |Am        |           |
We'll wake up singing a brand-new song.
|D7sus2     |                  |Dm9/F     |        |
|D7sus2     |                  |Dm9/F     |        |
|D7sus2     |                  |Dm9/F     |           ||
```

California

Words and Music by
Tom Petty

(Capo 2nd fret)

C   Csus2   G   F   Fsus2   Fadd9   Am

Intro

|C   Csus2 |C   Csus2 |

Chorus 1

   C   G |C   F   Fsus2 |C
   Cali - fornia's been good to me,
          G |C   F   Fsus2 |C
Hope it don't fall in - to the sea.
        G |C   F |Am
Sometimes you got to trust your - self.
        G |C   F |Am
It ain't like anywhere else.
        G |C |F   Fadd9   Fsus2 | ||
It ain't like anywhere else.

Verse 1

   C   G |C
   It's time to roll,
     Fadd9 |C
I'm all done.
          G |C
It's time we better
     Fadd9 |C
Hit the road.
       G |C
I got work
    Fadd9 |C
Later on.
          G |C
It's time we better
      |F   Fadd9   Fsus2 | ||
Hit the road.

Chorus 2

   C   G |C   F   Fsus2 |C
   And Cali - fornia's been good to me,
          G |C   F   Fsus2 |C
Hope they don't fall in - to the sea.
        G |C   F |Am
Sometimes you got to save your - self.
        G |C   F |Am
It ain't like anywhere else, no,
       G |C |F   Fadd9   Fsus2 | ||
Ain't like anywhere else.

Harmonica Solo

```
|C      G    |C      F        |
|C      G    |C      F        |
|C      G    |C      F        |
|Am     G    |C         Fadd9 |
|Am     G    |C      |F  Fadd9    Fsus2 |          ||
```

Verse 2

```
      C     G      |C
       Sun - down,
         Fadd9     |C
      Red skies.
         G         |C
      No - body's
           Fadd9       |C
      Been a - round.
           G      |C
      Sun - down,
         Fadd9       |C
      Blue eyes.
           G          |C
      I kind of like this
              |F   Fadd9   Fsus2 |          ||
      Part of town.
```

Chorus 3

```
      C        G       |C        F    Fsus2 |C
       And Cali - fornia has treated me good.
                G        |C        F    Fsus2 |C
      I pray to God that the hills don't flood.
                G         |C           Fadd9   |Am
      Some - times you got to trust your - self.
           G  |C        F        |Am
      It ain't like anywhere else.
           G  |C        F        |Am
      It ain't like anywhere else.
           G  |C        |F   Fadd9    Fsus2 |          ||
      It ain't like anywhere else.
```

Harmonica Outro

```
|C      G    |C        Fadd9  |
|C      G    |C               ||
```

Hope You Never

Words and Music by
Tom Petty

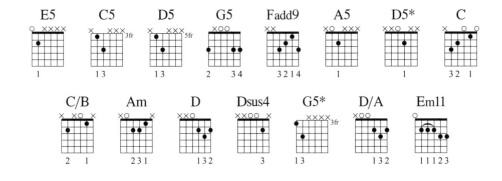

Verse 1

E5 |C5 |D5
   I hope you never fall in love,
                |E5 |
Hope you never get your heart broken.
           |C5 |D5
I hope you never fall in love with
           |E5 ||
Somebody like you.

Verse 2

E5 |C5 |D5
   I hope you never give a damn,
           |G5   Fadd9 |E5
Hope you never lose your per - spective.
           |C5 |A5
I hope you never fall in love with
    D5* |E5 ||
Somebody like you.

Bridge 1

```
        C    C/B      |Am            |C
          I wish you well,
          C/B    |Am              |C
        I wish you everything and more.
          C/B    |Am
        Forgive my ignorance,
               |D            Dsus4         |
        I was starting to ramble
        D       Dsus4        |
        On and on,
        D            Dsus4          |
        Starting to ramble
        D          Dsus4         ‖
        On and on.
```

Clavinet Solo

```
        |E5          |C5        |D5          |E5          |
        |            |C5        |D5          |G5*         ‖
```

Verse 3

```
        E5                |C5                |D5
           I hope you never need no one,
                                |G5   Fadd9   |E5
        Hope you treasure your inde - pendence.
                        |C5               |D/A
        I hope you never fall in love with
             D5*     |E5                    ‖
        Somebody like you.
```

Bridge 2

Repeat Bridge 1

Verse 4

```
        E5                |C5                |D5
           I hope you never give a damn,
                                |G5              |
        Hope you never get your heart broken.
                        |C5               |D5
        I hope you never fall in love with
                        |E5                   |
        Somebody like you.
                        |C5               |D5
        I hope you never fall in love with
                        |E5       Em11         ‖
        Somebody like you.
```

Somewhere Under Heaven

Words and Music by
Tom Petty and Mike Campbell

A   G   D/F#   Em   D   A7sus4   Asus2

Intro ‖: A | | |G D/F# :‖ *Play 4 times*

Verse 1

A | |
       Jenny's father was a workin' man.
           |G D/F# |A | |G D/F# |A
He worked hard to be his best.
           | |
In the middle of the afternoon
           |G D/F# |A | ‖
He would give little Jenny a kiss.

Chorus 1

G |D |A |
Somewhere under heaven
   |G |D/F# |A |
In the eye   of a hurricane
   |Em |D |A | | |G D/F# |
Little Jenny would dance in the rain.
|A | | |G D/F# ‖

Verse 2

A | |
       In the afternoon thunderstorms
           |G D/F# |A | |G D/F# |A
The sun's shadow movin' slow,
           | |
She could smell the earth and sky
           |G D/F# |A | ‖
And off her mind would go.

Chorus 2

```
G      |D      |A      |
Somewhere under heaven
   |G   |D/F♯      |A         |
In a field      of sugarcane
     |Em       |D          |A       |          |          |G   D/F♯  |
Little Jenny would dance in the rain.
|A        |          |          |G   D/F♯  |
|A        |G   D/F♯  |A         |G   D/F♯  |A        |          ‖
```

Interlude

```
‖:A7sus4  |          |Asus2     |          :‖ Play 3 times
|G        |D/F♯      |A         |          |
|G        |D/F♯      ‖
```

Verse 3

```
A                       |          |
    One day you're gonna fall in love.
  |G              D/F♯  |A         |     |G   D/F♯  |A
One day you're gonna pay the rent.
              |          |
Hold on to what love you find,
          |G       D/F♯  |A        |          ‖
You're gonna need all you can get.
```

Chorus 3

```
G      |D      |A      |
Somewhere under heaven
   |G   |D/F♯      |A        |
In the eye     of a hurricane
     |Em       |D          |A       |          |          |G   D/F♯  ‖
Little Jenny would dance in the rain.
‖:A       |          |          |G       D/F♯  :‖ Play 3 times
```

Outro

```
A          |     |     |
Somewhere under heaven.
|G   D/F♯  |A     |     |          |G   D/F♯  |
A          |     |     |
Somewhere under heaven.
|G   D/F♯  |A     |     |          |G   D/F♯  |A     Fade out
```

Climb That Hill

Words and Music by
Tom Petty and Mike Campbell

D5   D7(no3rd)   G5   Fsus2   A5   Csus2

G/B   F5   Bb6(no3rd)   Am   D

Intro

| D5   D7(no3rd) | D5   D7(no3rd) |
| D5   D7(no3rd) | D5   D7(no3rd) ||

Verse 1

D5   D7(no3rd) | D5
  Somethin' threw me

  D7(no3rd) | D5
In the dirt,

  D7(no3rd) | D5
Kinda got my

  D7(no3rd) | G5
Feelings hurt.

  Fsus2 | G5   Fsus2 | D5   D7(no3rd) | D5   D7(no3rd)
Weed was burnin' somewhere down the wind.

| A5 | Fsus2 G5 | D5   D7(no3rd) | D5   D7(no3rd) ||
I had to get up and climb that hill again.

Verse 2

D5   D7(no3rd) | D5
  Little Lucy's

  D7(no3rd) | D5
Such a doll,

  D7(no3rd) | D5
Like to climb her

  D7(no3rd) | G5
Garden wall,

  Fsus2 | G5
But she only

  Fsus2 | D5   D7(no3rd) | D5   D7(no3rd)
Sees me as a friend.

| A5 | Fsus2 G5 ||
I got to get up and climb that hill again.

Interlude 2

| D5 Csus2 G/B   F5 | G5 |
| D5 Csus2 G/B   F5 | G5   F5

Bridge 1

```
         ‖ G5            |
I gotta bury my pride,
B♭6(no3rd) |Am          |D
Drag this line over that hill one more time.
         | G5            |
Gotta get up in the mornin',
B♭6(no3rd) |Am               ‖
Make my way over that hill again.
```

Guitar Solo

```
| D5   Csus2 G/B   F5|      G5              |
|  D5  Csus2 G/B   F5|G5    F5              |
|  D5  Csus2 G/B   F5|      G5              |
|  D5  Csus2 G/B   F5|G5    F5
```

Bridge 2

```
         ‖ G5            |
I gotta bury my pride,
B♭6(no3rd) |Am          |D
Drag this line over that hill one more time.
         | G5            |
Gotta get up in the mornin',
B♭6(no3rd) |Am               ‖
Make my way over that hill again.
```

Interlude 2

```
| D5        D7(no3rd)| D5        D7(no3rd) |
| D5        D7(no3rd)| D5        D7(no3rd) ‖
```

Verse 3

```
D5        D7(no3rd)| D5
Tempers flare and-a
          D7(no3rd)| D5
Words are spoken, ya
          D7(no3rd)| D5          D7(no3rd)
Close one door and a  -  nother opens.
 | G5          Fsus2 | G5
Ya   hear the music
        Fsus2    | D5   D7(no3rd)| D5   D7(no3rd)
And you wander in.
            | A5            | Fsus2  G5    |
You got to get up and climb that hill,
A5               | Fsus2  G5    |
Get up and climb that hill,
            | A5            | Fsus2  G5     ‖
You got to get up and climb that hill again.
```

Outro

```
| D5   Csus2 G/B   F5|      G5              |
|  D5  Csus2 G/B   F5|G5    F5              |
|  D5  Csus2 G/B   F5|      G5              |
|  D5  Csus2 G/B   F5|G5    F5    D5       ‖
```

Hung Up and Overdue

Words and Music by
Tom Petty

D	Am	Fmaj7	Em	A	G	D/A
x x o	x o	x x	o o o o	x o	o o	x o o
1 3 2	2 3 1	3 2 1	2 3	1 2 3	2 1 3 4	1 3 2

Intro
|D |Am   Fmaj7 |D |Am   Fmaj7

Verse 1
‖D
I'm so hung up,
  |Am   Fmaj7 |D |Am   Fmaj7
I'm gonna go see her tonight.
  |D
I'm so hung on,
 |Am   Fmaj7 |D |Am   Fmaj7   ‖
I can't get her out of my mind.

Pre-Chorus 1
Em | |A | |
Could be just stars in my eyes.
Em | |A |
Could be this won't happen twice.

Chorus 1
  ‖G   A |D   G |
We're over - due for a dream come true.
  A |D   G
Long time nothin' new.
 | A |D |G |
We're over - due for a dream come true.

Verse 2
‖D
She said she's goin'
 |Am   Fmaj7 |D |Am   Fmaj7
To move to Cali - fornia one day.
D |Am   Fmaj7 |D |Am   Fmaj7
Said she's going out on sa - fari to stay.

Pre-Chorus 2
  ‖Em | |A | |
She's tired of her job and the snow.
Em | |A
We both need somewhere to go.

Chorus 2

```
    ‖G     A      |D            G         |
We're over - due for a dream come true.
        A   |D      G
Long time nothin' new.
    |      A      |D           |G       |          ‖
We're over - due for a dream come true.
```

Bridge

```
Em          |        |A        |        |
I'm so hung up on her now.
Em          |        |G        |
I'm so strung out on her now.
A           ‖
Mm.
```

Interlude 1

```
‖: D/A      |Am              :‖
|D          |Am    Fmaj7  |
|D          |Am    Fmaj7
```

Pre-Chorus 3

```
    ‖Em        |        |A       |          |
A gift from the sun to the moon
Em          |        |A         |
I hope something changes soon.
```

Chorus 3

```
    ‖G     A      |D            G
We're over - due for a dream come true.
        A   |D      G
Long time nothin' new.
    |      A      |D            G
We're over - due for a dream come true.
    |      A      |D            G
We're over - due for a dream come true.
        A   |D       G
Long time nothin' new.
    |      A      |D       |G    |      ‖:    |      :‖
We're over - due for a dream come true.
```

Interlude 2

```
‖: D/A      |Am              :‖
```

Outro-Slide Guitar Solo

```
‖: D        |Am    Fmaj7  :‖  Repeat and fade w/ Voc. ad lib.
```

63

STRUM & SING

The Strum & Sing series for guitar and ukulele provides an unplugged and pared-down approach to your favorite songs – just the chords and the lyrics, with nothing fancy. These easy-to-play arrangements are designed for both aspiring and professional musicians.

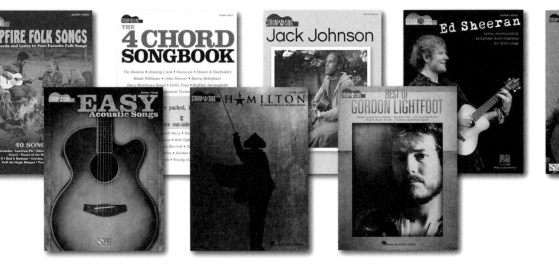

GUITAR

Acoustic Classics
00191891 ....$16.99

Adele
00159855 ....$12.99

Sara Bareilles
00102354 ....$12.99

The Beatles
00172234 ....$17.99

Blues
00159335 ....$12.99

Zac Brown Band
02501620 ....$19.99

Colbie Caillat
02501725 ....$14.99

Campfire Folk Songs
02500686 ....$15.99

Chart Hits of 2014-2015
00142554 ....$12.99

Chart Hits of 2015-2016
00156248 ....$12.99

Best of Kenny Chesney
00142457 ....$14.99

Christmas Carols
00348351 ....$14.99

Christmas Songs
00171332 ....$14.99

Kelly Clarkson
00146384 ....$14.99

Leonard Cohen
00265489 ....$16.99

Dear Evan Hansen
00295108 ....$16.99

John Denver Collection
02500632 ....$17.99

Disney
00233900 ....$17.99

Eagles
00157994 ....$14.99

Easy Acoustic Songs
00125478 ....$19.99

Billie Eilish
00363094 ....$14.99

The Five-Chord Songbook
02501718 ....$14.99

Folk Rock Favorites
02501669 ....$16.99

Folk Songs
02501482 ....$15.99

The Four-Chord Country Songbook
00114936 ....$16.99

The Four Chord Songbook
02501533 ....$14.99

Four Chord Songs
00249581 ....$16.99

The Greatest Showman
00278383 ....$14.99

Hamilton
00217116 ....$15.99

Jack Johnson
02500858 ....$19.99

Robert Johnson
00191890 ....$12.99

Carole King
00115243 ....$10.99

Best of Gordon Lightfoot
00139393 ....$15.99

John Mayer
02501636 ....$19.99

The Most Requested Songs
02501748 ....$19.99

Jason Mraz
02501452 ....$14.99

**Tom Petty –
Wildflowers & All the Rest**
00362682 ....$14.99

Elvis Presley
00198890 ....$12.99

Queen
00218578 ....$12.99

Rock Around the Clock
00103625 ....$12.99

Rock Ballads
02500872 ....$12.99

Rocketman
00300469 ....$17.99

Ed Sheeran
00152016 ....$14.99

The Six-Chord Songbook
02502277 ....$17.99

Chris Stapleton
00362625 ....$19.99

Cat Stevens
00116827 ....$17.99

Taylor Swift
01191699 ....$19.99

The Three-Chord Songbook
00211634 ....$14.99

Top Christian Hits
00156331 ....$12.99

Top Hits of 2016
00194288 ....$12.99

The Who
00103667 ....$12.99

Yesterday
00301629 ....$14.99

Neil Young – Greatest Hits
00138270 ....$16.99

UKULELE

The Beatles
00233899 ....$16.99

Colbie Caillat
02501731 ....$10.99

Coffeehouse Songs
00138238 ....$14.99

John Denver
02501694 ....$17.99

The 4-Chord Ukulele Songbook
00114331 ....$16.99

Jack Johnson
02501702 ....$19.99

John Mayer
02501706 ....$10.99

The Most Requested Songs
02501453 ....$15.99

Pop Songs for Kids
00284415 ....$17.99

Sing-Along Songs
02501710 ....$17.99

HAL•LEONARD®

halleonard.com
Visit our website to see full song lists
or order from your favorite retailer.

*Prices, contents and availability
subject to change without notice.*